Táto kniha patrí

....

KOLO, KOLO MLYNSKÉ

Riekanky a veršovanky pre deti

KOLO, KOLO MLYNSKÉ

Riekanky a veršovanky pre deti

Adolf Dudek

ISBN 978-80-88036-58-6

Á, bé, cé dé,
mačka pradie,

kocúr motá,
kolo plota.

Kosí syseľ otavu,

líška pohrabuje,

zajko kopy nakladá,

myška potlačuje.

Zajačik, ušiačik,
dobrý pozor daj,

a keď zbadáš poľovníka,
rýchlo utekaj!

Cip-cip-cipovička,
Mak-mak-makovička.

Keď som bola maličká,
hojdala ma mamička.
Teraz, keď som veliká,
musím hojdať Janíka.

Prší, prší, len sa leje,
Nezatváraj, milá, dvere.
Milá má, duša má,
nezatváraj pred nama.

Keď som išel do lesíka,
stretol som tam poľovníka.
Poľovníček, heš, heš, heš,
a ty, zajko, bež, bež, bež!

Pásla ovečky v zelenom hájičku,
pásla ovečky v čiernom lese.
Ja za ňou dupi dupi dup,
ona zas cupi cupi cup.
Pásla ovečky v zelenom hájičku,
pásla ovečky v čiernom lese.

Šibi-ryby, mastné ryby,
kázal otec aj mamička,

abys' dala tri vajíčka,
jedno biele, druhé čierne
a to tretie zafarbené.

Žabka hopká, vytancúva,
na žabiaka zavolá:
Poď, žabiačik, poď na tanček,
skoč si so mnou do kola.

Náš tatko šiel na huby,
čo ak v hore zablúdi?
Nezablúdi, namojveru,
huby budú na večeru.

Vhlbokej doline
srnka vodu pije.
Horár na ňu mieri,
že si ju zastrelí.

Káže Katke prísna mať,
kapustičky natrhať.

Susedovie Janíček
podupal jej košíček.
– Ty, ty, ty! Ty, ty, ty!
Ty to budeš platiti.

Slimáčik, máčik,
vystrč rožky,
dám ti masla
na parožky.
Ak ich nevystrčíš,
podpálim ti dom
a ty zhoríš v ňom.

Tu je lúčka, tu lesík,

tu je mačka, a tu psík,

v okne býva kocúrik.

My sme smelí vojáci,
šable, flinty máme.
Mlieku, chlebu, pečienke
pokoja nedáme.
Zajacov sa nebojíme,
vrabcov rýchlo rozplašíme
a kto sa nás nebojí,
tomu pokoj dáme.

Červené jablĺčko v oblôčku mám.
Koho rada vidím, tomu ho dám.
A ja ťa Janíčko najradšej mám,
tebe to červené jablĺčko dám.

Bol jeden domček,
v tom domčeku stolček,

na stolčeku mištička,
v tej mištičke vodička,
vo vodičke rybička.

Kde je tá ryba?
Mačka ju zjedla.

Kde je tá mačka?
Do lesa utiekla.

Kde je ten les?
Na prach zhorel.

Kde je ten prach?
Voda ho vzala.

Kde je tá voda?
Voly ju vypili.

Kde sú tie voly?
Páni ich zjedli.

Kde sú tí páni?
V cintoríne zakopaní.

Dievka modrooká
nesedávaj u potoka.
Dievka modrooká
nesedávaj tam.

Zelené vodníča,
uštipne ťa do líca.

Dievka modrooká,
nesedávaj tam.

Ovčiari, beťári,
po pálenke pospali.
Postrácali ovce
v susednom chotári.

Sviet', mesiačik, na vodu,
mám ja veľkú robotu.
Šijem, šijem si botičky,
do sucha i do vodičky.

Skáče žabka po blate,
kúpime jej na gate.

Na aké, na také,
na zelené, strakaté.

Ruža má púpätko,

mamička dieťatko.

Jabloň má jablĺčka,

Janko má koníčka,

slimáčik domček,

ovečka zvonček,

sliepočka vajíčko,

kocúrik klbôčko.

Desať, dvadsať, tridsať,
začal Gašpar kričať,
že ho brucho bolí,
zjedol kilo soli.

Vyleť, lienka, do nebíčka,
spýtaj sa tam anjelička,
či slniečko na deti
zajtra zrána zasvieti.

Poviem vám, poviem rozprávku
ako psík preskočil cez skalku,

poviem vám druhú a tretiu,
že pri tom vyľakal na peci Betu.

Bežal zajac kolo
plotu zaránky,
roztrhol si svoje
nové topánky.
Líška mu ich
zašívala,
veverička
sa im smiala.

Kolo, kolo mlynské,
za štyri rýnske,
kolo sa nám polámalo
a do vody popadalo,
urobilo bác!

Fúkaj, fúkaj vetríčku,
zhoď mi jednu hruštičku.
Zhoď mi jednu, lebo dve,
budú sladké obidve.

Jeden, dva, tri, štyri, päť,
čos' mal, Janko, na obed?
Zemiačky pečené
boli málo mastené.

Varila myšička kašičku
na zelenom randlíčku.
Tomu dala na mištičku,
tomu dala na lyžičku,
tomu dala na vidličku,
len tomu malíčkému nič nedala!
A myšička utekala, utekala…

Hajaj, búvaj, buvičkaj,
len mi pekne zaspinkaj.

Ať sa bude tatko pýtať,
odpovie mu mamička,
Evička už buvičká.

Keď som vyšiel na kopec,
videl som tam päť oviec
a šiesteho barana
so zlatýma rohama.

Kde je babka, kde je?
Pri peci sa hreje.
Má malého vnúčka,
strúha mu jablĺčka.

Pekár pečie žemle,
má rád žemle teplé.
Aj pekárka mladá,
žemličky má rada.

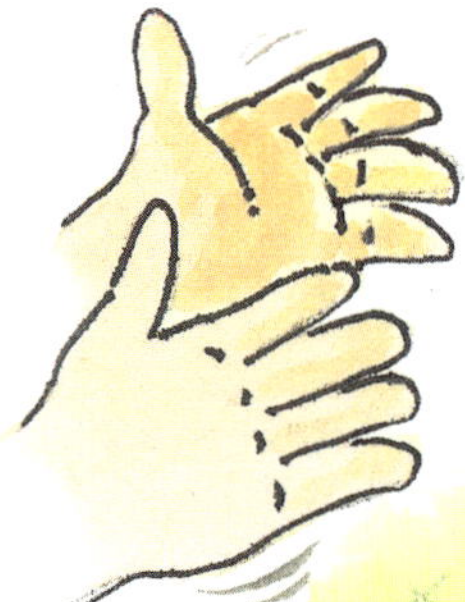

Ruky, ručičky
máte pekné prstíčky,
máte pekné dlane,
zatlieskame na ne.

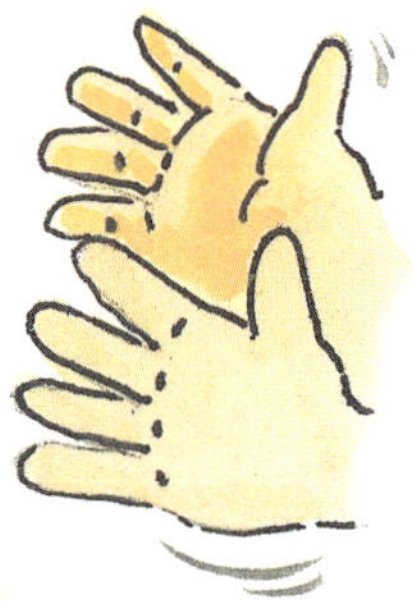

Beží myška po poličke,
chce ujsť strakatej mačičke.
Keď neujde, bude zle,
len chvostík z nej ostane.

Naša mačka strakatá,
mala štyri mačatá.

Jedno čierne, druhé biele,
tretie žlté, preveselé.

A to štvrté strakaté,
po mamičke okaté.

Dnes má svadbu vtáčik,
malý jarabáčik.

Prišla pani vrana,
fidlikuje zrána.

Prišla pani srna,
priniesla hrsť zrna.

Prišiel jeleň z húštiny,
priniesol mu maliny.

Zajko druhý hosť,
dal mu vajec dosť.

Prišla pani myška
a s ňou teta líška.

Mamka, mamka, mamička,
v komore je myšička.
Pustite tam kocúra,
nech tú myšku vyňúra.

Osievame múčku
v slamenom klobúčku,
čo naosievame,
pekárovi dáme,
a čo zvýši,
to Mariši,
čo zostane,
to Zuzane.

Tri bili,
štyri bili,
a ty ešte spíš?
Či sa nehanbíš?

Hopsa hejsa to je pár,
oženil sa kominár.
Vzal si Betku, Betušku
v roztrhanom kožúšku.

Keď som húsky pásla,
zimou som sa triasla.
Teraz húsky nepasiem
a zimou se netrasiem.

Mám koníčka vraného,
posadím sa na neho.
Hijó, hijó, koník môj,
a keď poviem pŕŕŕ, tak stoj.

Kde je kohút?
Na dvore.

A kde myška?
V komore.

Psíčkovi sa nelení
ukryť botu v predsieni.

V kuchyni si mača
fúzy v mlieku máča.

Naša kravka trávu ľúbi, koza Líza sladké huby.

Bielučký holub
vyletel na dub.

Kamže, koník,
pôjdeš s nami?

Kujem, kujem podkovičku,
koníkovi na nožičku.
Kujem, kujem podkovu,
koníkovi na nohu.

Pec nám spadla,
pec nám spadla,
ktože nám ju postaví,
starý peciar nie je doma
a mladý to nespraví.

Zavoláme na deduška,
ten má veľké kladivo,
pribije tam dva, tri klince
a už je to hotovo.

Nechoď ta, prší tam,
je tam veľké blato,
zamažeš sa, zablátíš sa,
nestojí to za to!

Mačka lezie dierou,
oknom pes.
Slnko a či dáždik,
bude dnes?

Krákala si vrana
od samého rána,

že sa chce vydávať
za veľkého pána.

Za veľkého pána z vysokého hradu,
čo jej pokupuje najlepšiu parádu.

Zatváram, zamykám les,
nech sem nik nevojde dnes.

Ak doň vojde babka,
nech je z nej hneď žabka.

Ak doň vojde starý ded,
nech je z neho dudok hneď.

Ak doň vojde dievčatko,
nech je z neho sŕňatko.

Ak doň vojde chlapček,
nech je z neho mravček.

Hijó, hijó na koníčku,
do Prešova po pšeničku.
Hijó, hijó na koni,
pojedli psi pirohy,
iba jeden ostal,
Jankovi sa dostal.

Bude zima,
bude mráz.
Kam sa, vtáčik,
kam schováš?

Schovám sa do javora,
tam je moja komora.
Schovám sa do doliny,
tam sú moje periny.

Koledoval Janík,
spadol – rozbil džbánik.
Psi sa k nemu zbehli,
výslužku mu zjedli.
Beda, beda, prebeda,
tam je moja koleda!

Bola jedna babka,
predávala jabká.

Za deravý groš
predala ich kôš.

Kolo, kolo mlynské
Riekanky a veršovanky pre deti

Ilustrácie © Adolf Dudek
Vydala © BOOKMEDIA s.r.o., Smetanovo náměstí 222/8, 702 00 Ostrava v roku 2022.
Vydanie prvé
Tlač Neografia, Martin

www.bookmedia.cz

Bol raz jeden pastier a ten vyháňal každé ráno na pašu veľké stádo oviec. Keď sa slniečko skláňalo, zas ich zaháňal domov, cestičkou cez potok s uzučkou lávkou, takže po nej mohla prechádzať len jedna ovečka za druhou.